오늘도
소중한
하루

오늘도 소중한 하루

펴낸날 초판1쇄 2015년 5월 22일

지은이 홍승찬
펴낸이 김은주
책임편집 정난희
마케팅 이삼영
일러스트 임선영
캘리그라피 황진하
본문그림 Gustav Klimt

인쇄 (주)재원프린팅
펴낸 곳 별글(http://blog.naver.com/starrybook)
등록번호 128-94-22091(2014년 1월 9일)
주소 경기도 고양시 덕양구 오금로7 신원마을 3단지 305동 1404호
전화 070-7655-5949
팩스 070-7614-3657

ISBN 979-11-952143-7-2 14030

이 도서의 국립중앙도서관 출판예정도서목록(CIP)은 서지정보유통지원시스템 홈페이지(http://seoji.nl.go.kr)와 국가자료공동목록시스템(http://www.nl.go.kr/kolisnet)에서 이용하실 수 있습니다.(CIP제어번호: CIP2015013142)

별글은 독자 여러분의 책에 대한 아이디어와 원고 투고를 기다리고 있습니다.
책 출간을 원하시는 분은 이메일(starrybook@naver.com)로 간단한 개요와 취지, 연락처 등을 보내주세요.

오늘도 소중한 하루

홍승찬 지음

별글

배움의 시작은 근거 없는 자신감이 이유 있는 불안감으로 바뀌는 것입니다. 그렇게 한참을 움츠러들다가 배움이 거듭되면 불안감이 줄어들고 안도감을 얻게 됩니다. 나 말고도 모두가 불안하다는 걸 알게 된 것입니다. 그것 말고는 어차피 알 수가 없다는 걸 깨우친 것입니다. 그렇다면 주어진 나날을 후회 없이 살아야지 마음먹은 겁니다. 그래서 간디는 "내일이 없는 것처럼 오늘을 살고 영원히 살 것처럼 배우라"고 말했습니다.

그렇게 살아야지 마음먹었더니 내가 대단하지 않다는 걸 깨닫는 데 오랜 시간이 걸리지 않았습니다. 다만 그 사실을 받아들이기까지 긴 세월이 필요했습니다. 그러다 문득 세상엔 잘난 사람만 존재하는 게 아니란 걸 알았습니다. 남이 나를 뭐라 하든지 내가 나를 어떻게 생각하는지가 그 무엇보다 중요하다는 것도 깨달았습니다. 그래서 지금은 깨우친 대로 살고 있습니다. 나뿐 아니라 남을 볼 때도 잘나고 못나고를 따지려 들지 않습니다. 누구나 나름의 삶이 있을 뿐 그걸 크기로 재서 줄을 세운들 소용없고 부질없는 짓일 따름입니다. 나는 나답게 나를 살고 너는 너답게 너를 사는 겁니다. 그렇게 너와 내가 우리가 되고 모두가 어우러져 하나가 되는 것입니다.

간디의 말을 알았던지 제임스 딘은 "내일이 없는 것처럼 오늘을 살고 영원히 살 것처럼 꿈꾸라"고 했답니다. 그렇게 하루를 또 열심히 살아야지 다짐합니다. 무엇이든 보고 듣고 배우려고 합니다. 그렇게 날마다 꿈을 키워갑니다. 나를 위한 꿈보다는 모두를 위한 꿈을 말입니다. 누구나 꿈꾸는 세상을 꿈꿉니다. 그 꿈에 여러분 모두를 초대합니다.

2015년 5월

홍승찬

오늘도
소중한
하루

　　남부럽지 않게 산다는 게 쉽지 않죠. 사람 구실 제대로 하며 산다는 겁니다. 부모 노릇, 자식 노릇은 기본이고 학교나 직장에서, 혹은 친구나 친지들 사이에서 제 나름의 구실을 다해야 하죠. 다른 사람들의 인정도 중요하지만, 스스로 부끄럽지 않아야 합니다.

스스로
부끄럽지 않기를

13

머리가 복잡할 땐 가슴이 움직이는 쪽으로 가세요. 무엇이든 선택에 앞서 그로 인해 버려야 할 아쉬운 것들을 생각해야겠지요. 그렇게 선택했다면, 버린 것들은 싹 잊어버리세요. 선택의 이유는 하나입니다. 나머지 이유들은 다 그다음입니다.

가슴을 따르라

　　머리로만 헤아리지 말고 마음으로 풀어보세요. 내 속도 모르는데 남의 속을 들여다본들 얼마나 알 수 있을까요. 미리 짐작하지 말고 끝까지 기다려야죠. 그래도 모르겠거든, 마음에서 꺼내 훌훌 털어버리세요. 무슨 까닭이 있겠지, 그냥 접어두고 내 갈 길을 가야겠지요.

머리보다는
마음으로

다른 나라에 갈 때마다 그들의 눈에 비친 우리의 모습을 깨닫죠. 그렇게 스스로를 바라보며 추스릅니다. 마치 거울을 들여다보며 차림새를 고치는 것과 마찬가지죠. 여행은 스스로를 찾는 일입니다. 멀리 떠나며 두고 온 나를, 돌아보며 생각합니다.

여행, 나를 찾는 시간

　　장자가 종이 한가운데 점 하나를 찍어 제자들에게 보여주며 무엇이 보이냐고 물었답니다. 제자들이 점이 보인다고 대답하자 장자는, 그 많은 여백은 눈에 들어오지 않고 어찌 점 하나만 보느냐며 한탄했다죠. 우린 늘 보이는 것을 보지 않고 보고 싶은 것을 봅니다.

보이는 것과
보고싶은 것

욕심을 자꾸 의욕인 줄 압니다. 의욕은 하겠다는 뜻이고, 욕심은 갖겠다는 것이죠. 대가를 바라지 않으면서 하고 싶은 일이 도대체 얼마나 될까요? 없으면 찾아야 합니다. 욕심을 버리면 쉽게 보이죠. 보상이 없어도 좋아라 하다 보면, 보람이 뿌듯해서 의욕이 생깁니다

욕심을 버려야
의욕이 생긴다

히말라야 등반에 나섰다가 추락을 한 사고 가운데 48 퍼센트는 정상에 오른 직후에 일어났다고 합니다. 힘들고 어렵게 겨우 목적을 달성하고는, 한 순간 긴장이 풀어져 어이없는 실수를 저지르고 말죠. 높이 오를수록 발밑을 살피고, 좋은 일일수록 들뜨지 말아야 합니다.

절정의 순간에도 냉정을 찾아라

　오래 지고 온 짐이라도 조금씩 내려놓을 방법을 찾으세요. 내가 아니면 안 된다는 생각부터 버려요. 당장 미덥지 않아도 누군가와 짐을 나누고 그다음은 잊어버려요. 세상에 목숨 걸고 해야 할 일은 없습니다. 있다면 한 번이지만, 지금은 아닙니다.

내가 아니라도
지금이 아니라도

　　군자는 누구와도 잘 어울리지만, 아무에게도 휘둘리지 않죠. 소인은 서로 같은 이들끼리 모여서도 함께 어울리지 못합니다. 눈 앞의 이익을 쫓아 작은 것에 연연하는 사람들은, 끝내 서로 다투기 마련이죠. 내가 홀로 똑바로 서야 나와 생각이 다른 사람들도 존중합니다.

나를 세워서
남을 위한다

　　터무니없는 일을 만나도 무슨 까닭이 있겠지 생각합니다. 느닷없이 못살게 군다면 내가 뭘 잘못했나 살펴봐야죠. 나쁜 뜻이 아니라도, 받아들이는 사람에 따라 다칠 수 있습니다. 내가 참고 나를 고치는 게 쉽죠. 남을 바꾸려면 너무 힘듭니다. 내가 맞추면 남도 따릅니다.

모든 것은 나로부터

27

　　몸을 닦고 집안을 꾸밀 수 있어야 나라를 다스리고 천하를 평정한다고 했습니다. 그런데 왜 마음이 아니라 몸을 닦는다 했을까요? 사람의 마음은 워낙 변덕스러워, 먼저 규칙적인 습관을 만들어 마음이 멋대로 움직일 틈을 주지 말아야 합니다. 습관이 중요합니다.

29

#12

　　위대한 예술가가 마지막 작품을 미처 끝내지 못하고 눈을 감으면, 마치 있어서는 안 될 일인 것처럼 호들갑을 떱니다. 그러나 사람은 그 누구도 주어진 삶의 시간을 알지 못하죠. 그래서 날마다 뭔가를 잔뜩 벌여놓고는 마무리를 짓지 못합니다. 인생은 미완성입니다.

누구나 미생이다

왜 사느냐고 묻는 것이 철학이라면, 왜 하느냐고 묻는 것이 경영입니다. 거듭 묻고 또 물어야죠. 그래야 누가, 무엇을, 언제, 어디서, 어떻게 할지를 알 수 있습니다. 까닭 모를 일에 덤벼드는 것은 경영이 아니죠. 왜 하는지가 뚜렷해야 실패해도 쓰러지지 않습니다.

까닭을 물어
길을 찾는다

　　먹고 사는 일 말고 미쳐 지내는 일이 하나쯤은 있어야겠죠. 취미라고 하기에는 보다 절실하지만, 종교나 신념처럼 목숨 걸고 지켜야 할 무엇은 아닐 겁니다. 살면서 늘 가까이하진 못하더라도, 언제나 마음속 깊숙한 곳에 살아 있어, 나도 모르게 꿈틀거리는 불씨입니다.

홀딱 빠져 사는 즐거움

가지려는 마음이 앞서면 손에 쥐고 있는 것이 무엇인지도 모르는 채 잃어버리기 마련입니다. 되려는 마음이 지나치면 좋아서 잘할 수 있는 일을 찾기도 전에 놓치게 됩니다. 가진 것부터 잘 챙겨서 거두어야 합니다. 신나는 일을 즐기다 보면 잘해서 뭐라도 됩니다.

되려는 생각보다
하려는 마음을
앞세워야

하루 가운데 해야 할 일보다 하고 싶은 일이 하나라도 더 많기를 바랍니다. 하여 없어도 될 만한 것들을 버려서 해야 할 일을 줄입니다. 그리고 해야 할 일 가운데 즐거운 일이 있나 찾아봅니다. 가지려는 마음만 벗어던지면 모든 일이 즐겁습니다. 비워서 얻습니다.

비워야 얻는다

37

　　속이 무를수록 겉은 두껍죠. 마음이 따뜻하고 여리면 차갑고 무뚝뚝해 보이기까지 합니다. 까칠한 줄 알았는데 알고 보니 부드러운 사람도 많죠. 아닌 척하는 겁니다. 그렇게 스스로를 지키려는 거죠. 알맹이가 여물면 껍질이 벌어집니다. 익을수록 숙이고 강할수록 휘어집니다.

익을수록 숙이고
강할수록 휘어진다

옛날이 그립지만 돌아가고 싶지 않습니다. 지난 잘못이 안타깝다고 돌이키고 싶은 생각도 없습니다. 같은 일이 되풀이 된다면 추억 속의 그때처럼 애틋하지 않을 테고 또다시 기회를 주어도 그릇된 선택이 바뀌진 않을 겁니다. 한 번뿐인 삶이라 시리도록 아름답습니다.

시리도록 아름다운
오늘을 살아라

40

미련은 참 미련합니다. 벌써부터 그런 것을 두고도 혹시나 아닐지 모른다며 기다리고 또 기다립니다. 하도 그럴듯하게 꾸며대니 솔깃하겠죠. 자꾸 되풀이하면 무뎌지기도 하겠죠. 그래도 그렇게 넘겨짚진 말아야죠. 스스로 어리석어 헤아릴 수 없다면 그냥 놔둬야죠.

미련을 버리지
못하는 것이
가장 어리석은 일이다

남부럽지 않게 살기보다 스스로 부끄럽지 않게 살려고 힘써야겠죠. 스스로 부끄럽지 않으면 남부럽지 않겠지만, 남부럽지 않다고 스스로 떳떳한 건 아닙니다. 누가 뭐래도 언제나 꿋꿋하게 지켜갈 수 있는 가치와 긍지가 있어야 합니다.

가치로 나를 찾고
긍지로 나를 세워라

43

　사람은 늘 반성해야 합니다. 스스로 겪은 일을 돌이켜보고 옳고 그름을 꼼꼼히 따져서 그 까닭을 제대로 찾고, 마음을 굳게 먹어야죠. 날마다 이를 되풀이하여 게을리하지 않는다면, 무릇 사람 된 본분과 도리를 다하는 것이니 그 삶이 떳떳할 겁니다.

날마다 반성하여
날마다 고쳐라

　너무나도 절실한 일은 잘 이루어지지 않죠. 마음이 앞서 몸이 따르지 못하고 지나친 조바심은 일을 그르치기 때문입니다. 급할수록 걸음을 늦추어 숨을 고르고 아쉬울수록 때가 무르익기를 참고 기다려야죠. 마음을 비워야 몸이 가벼워, 마땅한 것을 좇아 거두어들입니다.

절실하면 무심하게
급할수록 느긋하게

척하며 사는 게 너무 힘듭니다. 그래서 척하지 않으려고 애쓰는데 그것도 척이라는군요. 워낙 아닌 탓에 잘난 척 있는 척은 벌써 던졌지만, 힘들어도 힘들지 않은 척, 두렵거나 외로워도 그렇지 않은 척까진 버리기 힘듭니다. 그것마저 벗어버리면 정말 아무것도 남는 게 없군요.

인생은 연극이다

왜냐고 물으면 말문이 막히는 경우가 많습니다. 그냥 좋아서, 아니면 왠지 싫어서 그리했는데 그렇다고 말하자니 걸리는 게 많아서죠. 어쩌면 싱거운 듯싶고 아니면 들키는 것 같습니다. 왜냐고 따지고 싶을 때 참고 묻지 않는 사람이 세상에서 제일 멋진 사람입니다.

따지고 묻지 않는 이가
가장 멋진 사람이다

'미래를 믿지 말라. 죽은 과거는 묻어 버려라. 살아 있는 현재에 행동하라.' 시인 롱펠로우의 말입니다. 어제에 매달려 오늘을 그르칠 순 없죠. 오늘의 수고 없이는 내일의 꿈도 물거품입니다. 지난 일들은 가슴에 묻고 머리엔 오늘을 담아야죠. 그다음은 아무도 모릅니다.

오늘을 살아라

살다 보면 뿌듯한 일이나 흐뭇한 일보다, 미안한 일과 고마운 일이 점점 더 많아집니다. 그런데 정작 고맙다, 미안하단 말은 자꾸 줄어들죠. 그런 마음이 없어서가 아니라 게으르고 쑥스러운 탓입니다. 차마 말은 다 못했어도 그래서 더욱 미안하고 더더욱 고맙습니다.

미안한 마음과
고마운 마음을
늘 품고 살아야

53

다른 사람의 장점을 보려고 노력해야 합니다. 남의 단점은 애쓰지 않아도 잘 보이기 마련이죠. 우리 모두 교만하기 때문입니다. 스스로 낮아지지 않으면 높은 곳이 높다고 여겨지질 않죠. 누군가의 단점은 쓸모가 없지만, 장점은 찾아서 어디든 살릴 수가 있습니다.

상대방의
장점을
찾아라

　　쓰러져서 엎어지지만 않는다면 실패하고 또 실패해야 하고, 틀어져서 돌아서지만 않는다면 싸우고 또 싸워야 합니다. 싸움을 피하고 실패를 두려워해선 아무것도 얻을 수가 없죠. 쓰러진 사람에겐 용기와 인내를 주고, 틀어진 사람에겐 타협과 화해를 가르쳐야 합니다.

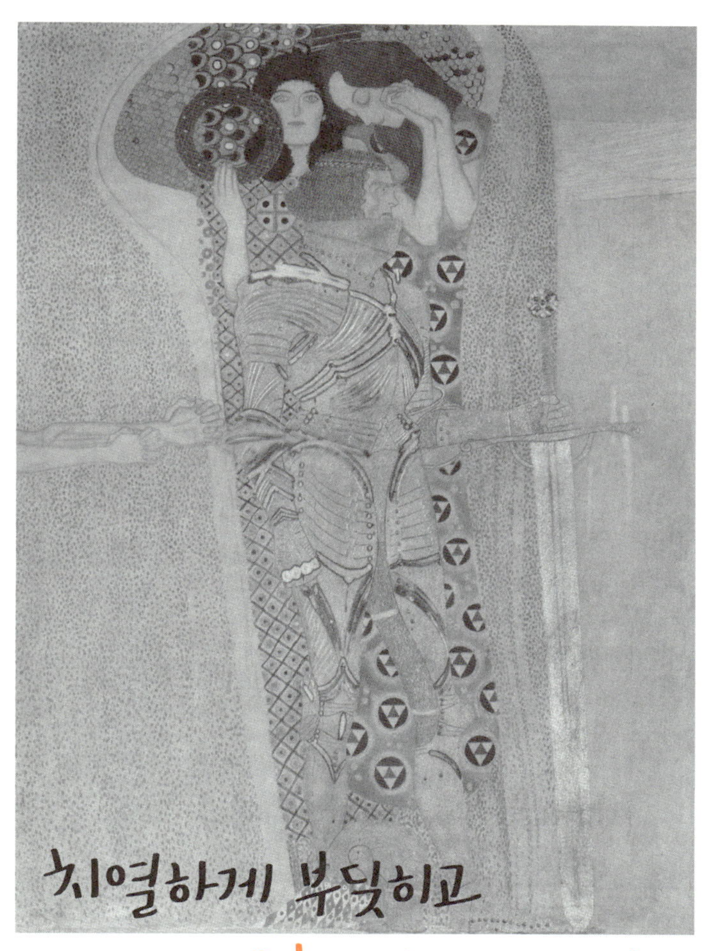

치열하게 부딪히고
실패를 두려워말라

#29

　　모든 걸 느긋하게 생각하고 편안하게 받아들여라. 세상이 네 맘 같지 않다고 실망하거나 슬퍼하지 마라. 살면 살수록 너와 다르고, 또 서로 다른 여러 유형의 사람들을 만나게 될 거다. 가야 할 길이 아직 멀었으니, 잠시 힘을 빼고 호흡을 가다듬어라.

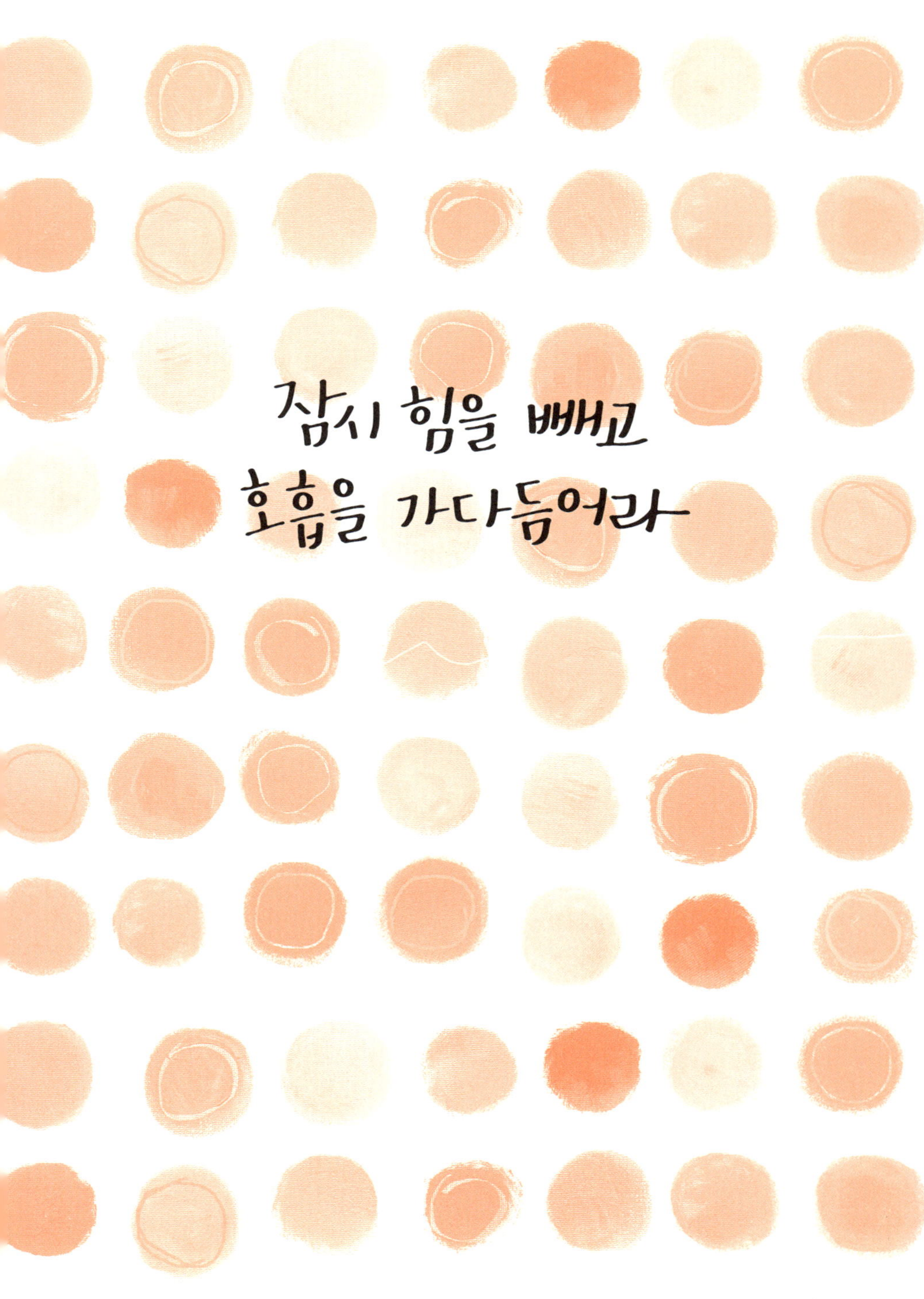
잠시 힘을 빼고
호흡을 가다듬어라

#30

　　"운명이란 피할 수 없는 것이 아니라 진실로 피할 수 있는 것을 피하지 않는 것이 운명이니라." 청마의 시 '너에게'의 마지막 구절입니다. 우리는 늘 피하고 싶으면 운명을 핑계 삼고 돌이킬 수 없을 때 운명이라 위안합니다. 운명은 마주하고 부딪혀서 얻는 겁니다.

남다른 나를 찾아야
없던 길이 보인다

지난날이 쌓여 오늘이 되었다고 생각하지는 말아야죠. 오늘은 그저 오늘일 뿐입니다. 오늘의 내가 내일이라고 다른 누가 되지는 않겠죠. 언제나 나는 나일 뿐입니다. 후회와 미련은 추억이 아니고, 남을 좇는 욕망은 희망이 아니죠. 오늘이 중요하고 내가 중요합니다.

지금의 내가
무엇보다 중요하다

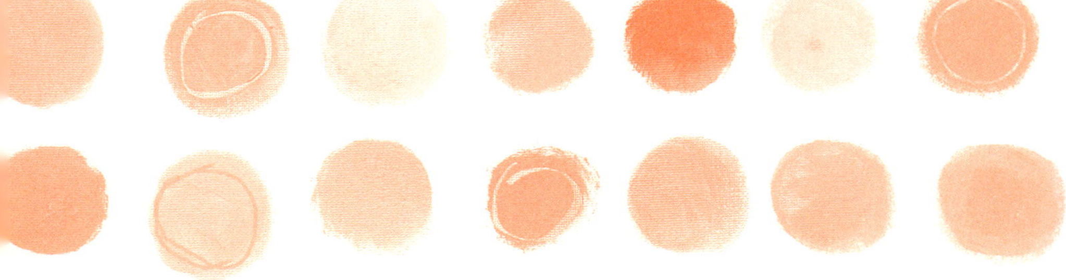

　　누구나 다 나와 같은 생각을 가진 사람들만 사는 세상이 있다면 주저 없이 떠날 겁니다. 서로 싸울 일도 다툴 일도 없을 것 같지만 그렇지가 않죠. 따분한 나날을 살면서 스스로도 싫었던 내 모습과 전에는 미처 몰랐던 내 자신을 날마다 만난다면 숨이 막힐 겁니다.

저마다
달라서
살만한
세상

64

#33

　사람에게 주어진 가장 큰 축복은 망각입니다. 삶의 모든 순간들이 다 머리에 박히고 가슴에 남는다면 그걸 견뎌낼 사람은 아무도 없겠지요. 우린 늘 같은 나날을 되풀이하면서도, 내일은 오늘과 다르리라 기대하며 살아갑니다. 꿈은 망각의 선물입니다.

망각이 축복이다

어설픈 친구보다 훌륭한 적이 백배 낫답니다. 늘 긴장시키고 자극하기 때문이지요. 쓴소리 잘하는 친구를 곁에 두어야 하는 까닭이기도 합니다. 좋은 약은 입에 쓴 법이지요.

어설픈 친구보단 훌륭한 적이 낫다

사랑해선 안 될 사람은 없죠. 하지만 사랑하면 아픈 사람이 있습니다. 내가 아프고 너를 아프게 하고, 다른 누군가가 또 아파야 하는 사랑입니다. 아프지만 참고 견디는 사랑이 있고, 사랑을 끝내 감춰야 하는 사랑도 있죠. 사랑하되 사랑하지 않는 사랑이 가장 아픈 사랑입니다.

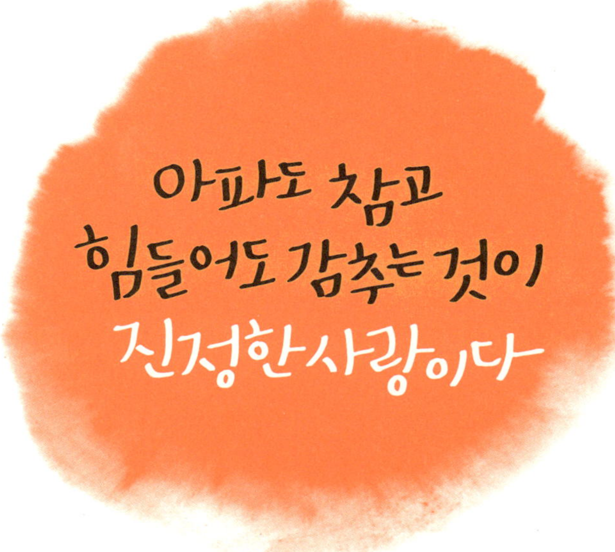

69

　여기까지가 인연이지 싶을 때가 있습니다. 참 아쉽지만 말이죠. 그땐 아낌없이 다 놓고 돌아서야 합니다. 미련은 그 자리에 두고 와야죠. 끝인 줄 뻔히 알면서 자꾸 매달리고 싶습니다. 그러니 사람이겠죠. 그래도 그건 아닙니다. 잊어야지요. 못내 그리워도 견뎌야 합니다.

매달리고 싶어도
좋아주는 사랑이
참 사랑이다

오늘도
소중한
하루

　자유가 주는 가장 큰 선물은 분별력이죠. 무엇을 하고 싶은지가 무엇을 해야 하는지를 깨닫게 하고, 하기 싫은 일에서 하지 말아야 할 일을 가려내게 됩니다. 나 말고는 아무도 대신할 수 없기에 내 스스로 모든 걸 판단해야 하죠. 자꾸 하다 보면 늘기 마련입니다.

자유가 주는
가장 큰 선물은
분별력이다

75

　아무리 좋은 쪽으로 생각하더라도 세상엔 해도 되는 일보다 하면 안 되는 일이 더 많습니다. 남녀의 사랑이 특히 더 그렇죠. 그래서 현실이 아닌 문학과 예술이 그토록 말도 안 되는 사랑 이야기에 열을 올리는 겁니다. 하지 말라면 더 하고 싶은 게 사람의 마음이죠.

서상에 없는 사랑을 보여주는 것이 예술이다

#39

　내 사랑하는 두 딸을 포함한 모든 미혼 여성에게 고합니다. 남자를 보지 말고 사람을 보세요. 남자를 고르면 사람 구실 못하는 경우가 많지만, 사람을 고르면 남자 구실도 곧잘 합니다. 두 가질 다 본다고요? 차라리 로또 당첨을 바라세요.

남자이고
여자이기 전에
사람이 먼저

사랑은 물과도 같죠. 높은 데서 아래로 흐르고 고이면 흐려집니다. 거슬러 오르거나 가둘 수가 없죠. 온 땅을 적시고도 남아 바다에 이르면 하늘의 부름을 받고 구름이 됩니다. 하늘은 사랑을 거두어 고루 뿌리지만 사람이 그 뜻을 거슬러 가두려 합니다.

물처럼
아래로 흘러
고이지 않는 것이
사랑이다

영화 〈리빙 라스베가스〉에서 알콜 중독자를 사랑하는 거리의 여인은, 연인에게 생일 선물로 포켓용 은제 술병을 건넵니다. 주인공은 뜻밖의 선물에 너무나 감격하여 흐느끼고 말지요. 사랑하는 사람에게 줄 수 있는 가장 큰 선물은 자유가 아닐까요. 진정한 자유 말입니다.

자유는
사랑하는 이에게
줄 수 있는
가장 큰 선물이다

#42

　사랑은 '때문에'가 아니라 '그럼에도 불구하고'입니다. 한마디로 손해 보는 짓이란 거죠. 콩깍지가 씌인다는 건, 사랑해선 안 되는 까닭이 보이지 않는다는 게 아니라, 보여서 아는데도 어쩔 도리가 없단 말입니다. 사랑은 멍청한 바보들의 못 말리는 행진입니다.

사랑에는
이유가 없고
조건이 없다

남자와 헤어져서 힘들어하는 제자를 달랬습니다. 나쁜 남자였다며 그게 더 아프다는군요. 아니었다면 미련이 더 오래 갔을 거라 위로했습니다. 좋은 남자 만나 좋은 인연 되려면 많은 남자들을 더 겪어야 할 거라 했고, 좋은 일은 다 그만한 대가를 치러야 한다고 말했습니다.

사랑에도
연습이 필요하다

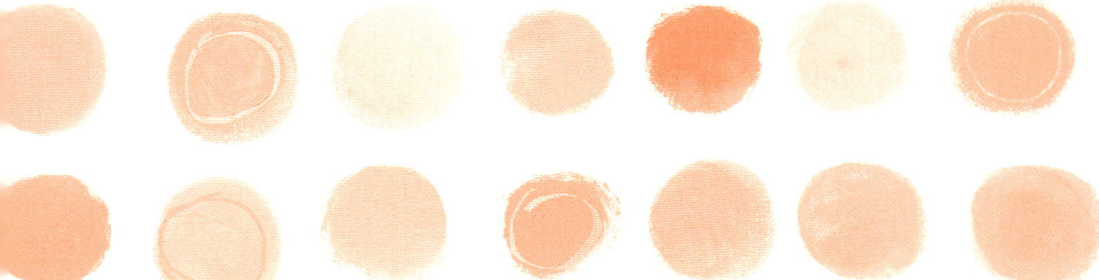

옛말에 여인은 자기를 사랑해주는 사람을 위해 치장을 하고, 선비는 자신을 알아주는 사람을 위해 목숨을 바친다고 했습니다. 나를 알아줄 윗사람도 찾아야겠지만 스스로 아랫사람의 됨됨이를 알아보고 그만큼 믿고 맡겨야겠지요. 인간 만사 사랑과 믿음이 으뜸입니다.

87

생텍쥐페리는 《어린왕자》에서 "정말 소중한 건 눈에 보이지 않는다"고 했습니다. 그건 없어서가 아니라 대수롭지 않게 여기기 때문이죠. 누군가의 좋은 점이 잘 드러나지 않는 건 좋은 사람은 스스로 내세우지 않기 때문입니다. 주변을 잘 살펴보세요.

귀해서
귀한 것이 아니라
귀하게 여겨
귀한것이다

부부의 모음 둘을 조금씩만 옮기면 바보가 됩니다. 무릇 사랑이 그러하거늘 사랑으로 맺어진 부부라면 더 이를 말이 없겠지요. 부부는 속도 배알도 자존심도 없어야 합니다. 나보다 저를 더 챙겨야 하고 저가 아프면 내가 더 아파야지요.

간도 쓸개도 내어주는 것이 부부의 사랑이다

부모 노릇을 생각해봅니다. 잘 들어주고 잘 안아주는 것 말고 달리 뭐가 있을까요. 말려도 안 되는 일은 지켜보는 수밖에요. 마음 졸이다, 혹시 다치면 호 불어주고 꼭 안아줘야지요. 직접 겪어서 아파보기 전엔 절대 모를 겁니다. 스스로 깨닫고 나아갈 때까지 지켜줄 겁니다.

부모 노릇, 꼭 안아주는 것부터

　부모님 사랑을 어떻게 갚을지 물어오는 제자가 있었죠. 나중에 자식 낳으면 받은 만큼 주라고 했습니다. 그래서 내리사랑이라 했던 거죠. 받은 사랑은 다시 내려야 하고, 내린 사랑은 다시 되돌아오지 않습니다. 주면 그만인 거죠. 받은 사랑은 기억하고, 준 사랑은 잊어야 합니다.

받은 사랑은
기억하고,
준 사랑잊기

부모 노릇보다 힘든 일은 어디에도 없죠. 낳느라 몸을 다치고 기르면서 마음이 문드러집니다. 죽어도 벗을 수 없는 걱정이고 한숨이죠. 해보지 않고는 짐작도 못할 수고이자 보람입니다. 나를 버리고 던져서 얻는 자랑이고 기쁨이죠. 살아야 할 까닭이며 삶의 끝입니다.

자식,
살아야 할
이유이자 힘!

　　엄마 배 속에서 너무 일찍 밖으로 나온 한 생명이 숨을 거두었죠. 엄마는 아기를 차마 보낼 수 없어 가슴에 꼬옥 안고 수도 없이 사랑한다고 속삭였습니다. 그렇게 한참이 지나자 아기의 손가락이 조금씩, 아주 조금씩 움직이기 시작했죠. 사랑은 생명까지 돌이킵니다.

사랑은
죽은 아이도
숨 쉬게 한다

가르치는 사람에게 필요한 가장 중요한 덕목은 참을 성입니다. 문제는 얼마나 언제까지 참느냐는 것이지요. 정답은 끝까지입니다. 그래도 아니면 어떻게 하냐고요. 그건 누구도 어쩔 수 없는 겁니다. 늘 믿는다고 하고 작은 일을 크게 칭찬하 세요.

끝까지 참아야 한다, 그게 무엇이든

　　중년의 즐거움은, 이미 청년이 아니고 미처 노년도 아니라는 묘한 느낌입니다. 젊은 날의 어리석음을 하나둘씩 깨달으며 나이 들어 슬기로움을 기다리게 되죠. 불꽃은 덧없이 사그라들지만 불씨는 또 한참을 더 남아 화로에 담긴 숯으로 밤새 온 방 안을 덥혀줍니다.

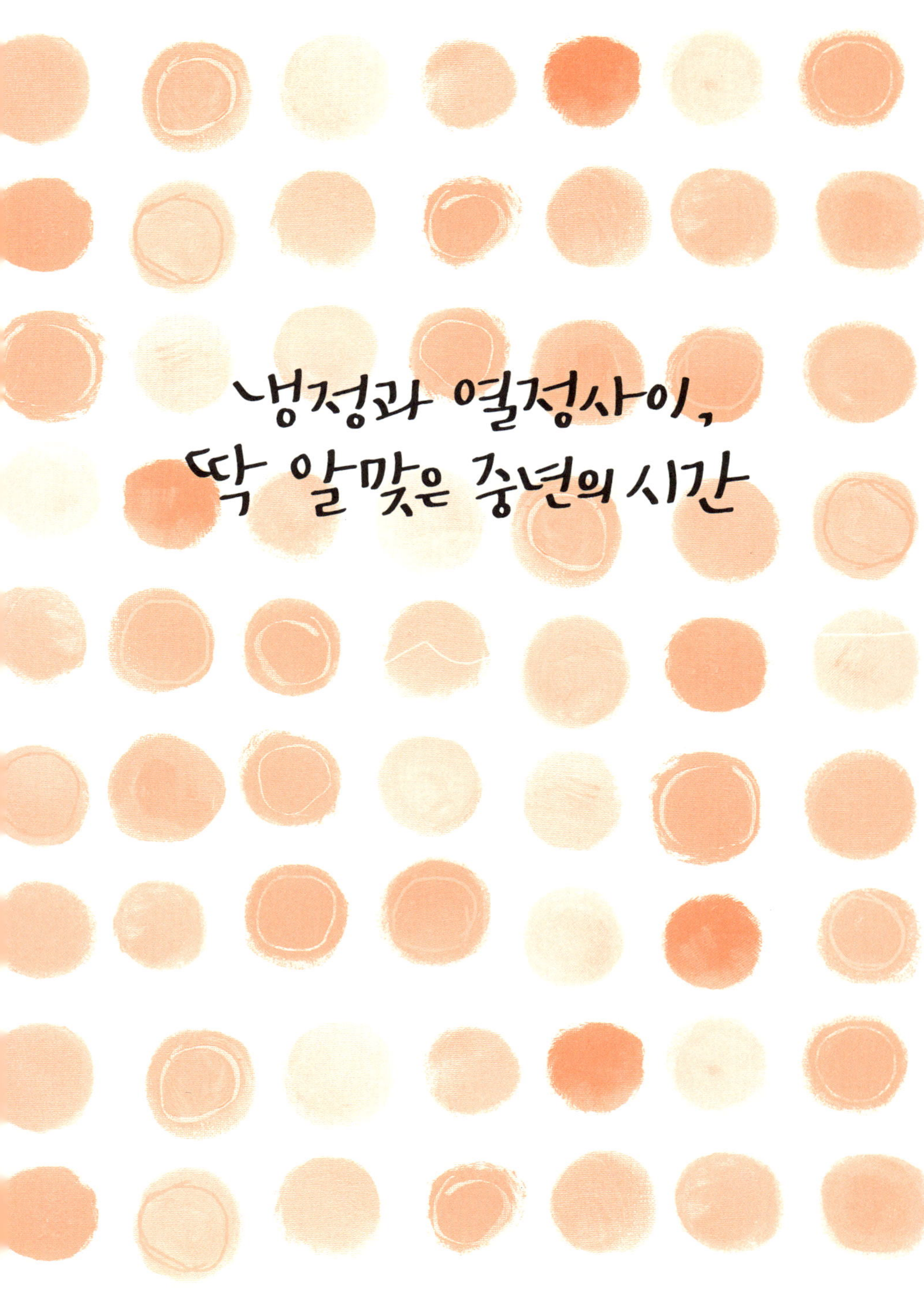

냉정과 열정사이,
딱 알맞은 중년의 시간

　　누구였으면 좋겠다 생각했던 적이 있었죠. 언제인지 짐작도 안 될 만큼 오래전입니다. 나이 들면서 누가 아니길 정말 다행이다 싶을 때가 많군요. 부러운 일은 점점 줄어드는데, 안타까운 일들이 많아집니다. 그래서 잔소리만 느는 거죠. 어차피 나중이면 알 것을 말이죠.

101

　　나이와 연인 그리고 와인은 숫자로 세는 게 아니라
죠. 로마의 속담입니다. 친구도 그렇고 예술과 학문도 마찬가지
죠. 그러고 보니 우리에게 소중한 모든 것들이 다 숫자로는 도
저히 가늠할 수 없는 것들입니다. 다른 그 무엇과도 비교할 수
없는 나만의 세계죠.

소중한 것은
숫자로 가늠할 수 없다

  '더도 말고 덜도 말고 한가위 보름달만 같아라'라는 말이 있지요. 이렇게 꽉 찼으면 이제 비워야 할 때입니다. 차면 비우고 비면 채우는 것이 세상만사 이치겠지요. 우리네 삶이 그렇고, 음악이 또 그러할 겁니다. 때를 알고 놓치지 않는 사람이 그립습니다.

차면 비우고
비면 채워라

103

베토벤이 귀가 멀지 않았다면 작곡보다 피아노 연주에 열을 올렸을지 모릅니다. 평생 독신으로 산 것도 스스로 택한 일이 아니라 청혼마다 거절당했기 때문이죠. 그 상처로 더욱 창작열에 불탔을 겁니다. 신분의 벽이 투지를 일깨웠겠죠. 장애와 역경이 사람을 단련시킵니다.

장애와 역경이
사람을 단련시킨다

사노라면 여기까지다 싶을 때가 있습니다. 그러면 밀어내지도 말고 매달리지도 말아야죠. 그저 멀찌감치 서서 지켜봐야 합니다. 행여 다가오기도 하지만 대개는 멀어지기 마련입니다. 다가오면 모르는 척 멀어지면 아무렇지도 않은 척 하는 겁니다. 가던 길을 가는 겁니다.

미련없이
가던 길을 가라

옛 말씀에 이르기를 오동은 천 년을 늙어도 늘 가락을 품고 있고 매화는 일생을 추위에 떨어도 향기를 팔지 않는다고 했거늘 오늘도 어김없이 가벼운 재주를 부려서 얕은 지식을 팔고 있습니다. 날마다 스스로를 가다듬어야 하거늘 늘 눈앞의 삶에 무너지고 맙니다.

날마다
나를 찾아
붙들어야 한다

마음을 다스리지 않으면 몸이 고달픕니다. 움직여서 지치는 게 아니라 축 쳐져서 힘듭니다. 몸이 부지런하지 않으면 마음만 조급하죠. 서두르다 일을 그르치기 마련입니다. 몸이 가벼워야 마음도 느긋해지겠죠. 생각을 줄여야 마음도 편해지고 따르는 몸까지 가뿐해집니다.

생각을 줄여야
몸도 마음도
가뿐하다

109

날마다 삶이 하루처럼 짧겠지 여기면서 부지런히 움직이려고 다짐합니다. 밤마다 졸려서 깜빡 잠이 들면 죽음도 그러리라 짐작합니다. 그렇게 또 다른 나날을 거듭하면서 삶과 죽음이 다르지 않음을 깨닫습니다. 자고 나면 내일이듯이 또 다른 삶이 있을 거라 믿어봅니다.

오늘을 살고
오늘을 죽는다

　다들 왜 이렇게 호들갑일까요? 앞날이 깜깜하기 때문입니다. 어제는 오늘과 다르고 내일은 전혀 알 수가 없죠. 아무리 손을 뻗어도 잡히는 건 없고 눈에 밟히는 건 어지럽기만 합니다. 여기저기를 기웃거려도 주위는 온통 낯설기만 하죠. 나 여기 있다고 외치는 겁니다.

산다는 건

대답없는
질문이다

사랑하는 사람을 잃고 못 견디게 힘들거든, 슬픔에 스스로를 그냥 맡겨 두세요. 잊으려고 애를 쓰고 이기려고 기를 써도, 어림도 없는 일입니다. 살면서 겪는 모든 일엔 그만한 품삯이 따르는 법이죠. 그럭저럭 지나치고 나면 나중에 더 힘들어집니다. 슬퍼서 사는 겁니다.

터널을 다 지나야
터널을 벗어난다

세상만사 다 순서가 있는 법이죠. 야구에서 쉬운 타구라고 글로브에 공이 들어가기도 전에 미리 던질 곳부터 보다가 공을 빠트리는 것도, 순서를 어겨 벌어지는 일입니다. 모든 일은 우선순위를 정해 하나씩 차례로 해나가야죠. 중요하고 급한 일일수록 더 그렇습니다.

입덧을 해야
아이를 낳는다

116

무엇인가를 혹은 누군가를 선택할 땐, 선택 받지 못한 것이나 사람을 먼저 생각해야 합니다. 없어도 되는지 버려도 탈이 없는지를 꼼꼼히 따져야겠죠. 그래서 일단 마음 먹고 골랐다면, 버린 쪽은 싹 잊어버려야 합니다. 산다는 게 이런 거죠. 끊임없는 선택의 연속입니다.

하나를 선택하면 나머지를 잊어라

말에 숨은 속뜻을 헤아리려고 애쓰지 마세요. 아무리 따져봐도 짐작하기 힘들고, 제대로 안다고 해도 뾰족한 수가 없죠. 별 다른 속셈이 없을지도 모르고, 딴 뜻이 있어도 모르는 게 편합니다. 그러려니 했는데 그게 아니면, 아니었나 하고 그냥 웃고 마는 거죠.

억지로
알려고 들지 않는 것도
삶의 지혜다

#66

　　슬퍼서 슬프다고 말한다면 이미 슬픔이 아닙니다. 차마 말할 수가 없어 속으로 삼키고, 입 밖으로 꺼내려고 해도 목구멍에 딱 걸려 가슴으로 다시 무너져 내리고야 마는 아득하고 아찔한 쓰라림이죠. 약 기운이 퍼지듯 온몸으로 번지면 살갗까지 아픔으로 저려옵니다.

크나큰 고통을
말로 할 수 없다

　　그래도 젊음은 그 무엇보다 아름답습니다. 젊음의 아픔은 혹독한 대가일 따름이죠. 좋으면 좋은 만큼 큰 값을 치러야 합니다. 힘들게 치른 값어치를 고스란히 누릴 줄도 알아야죠. 무엇이든 저지를 수 있고, 무얼 해도 뻔뻔해야 합니다. 그렇게 하도록 일깨워야 합니다.

123

오늘도
소중한
하루

리더십은 처음과 끝입니다. 가운데는 아랫사람을 믿고 맡겨야죠. 뜻을 모아서 나아갈 바를 밝히고, 그렇게 다들 어디론가 움직이다 끝내 허물이 생긴다면 혼자 다 뒤집어쓰는 겁니다. 비전을 만들고 책임지는 게 리더의 몫이죠. 누구도 대신할 수 없는 리더십입니다.

리더십의 처음과 끝은 비전과 책임이다

미식축구는 희생의 경기죠. 공격팀의 모두가 몸을 던져 공을 가진 한 선수를 보호합니다. 리더의 역할을 하는 쿼터백은 중계자의 역할을 수행하죠. 공격이 시작되고 공을 넘겨 받는 즉시 선수 중 누군가에게 그 공을 넘겨줘야 합니다. 리더는 조정자이자 중계자입니다.

리더는
곧 코디네이터다

127

　　감독은 감시하고 독려하는 자리죠. 사람들이 잘 움직여 일이 제대로 꾸려지고 있는지를 꼼꼼히 살펴서, 잘못은 찾아주고 더 나은 쪽으로 이끌어주는 겁니다. 잘못을 고치도록 알려주는 것도 중요하지만, 신이 나서 열심히 하도록 길을 터서 보여주는 게 더 중요합니다.

나아갈 길을 미리 살펴서
잘 이끌어주는 것이
감독의 역할이다

129

사람은 누구나 자신의 이익을 추구하기 마련이죠. 리더는 이를 당연한 것으로 받아들이고 무엇보다 먼저 구성원 각각의 이익을 최대한 실현할 수 있는 비전을 앞세워야 합니다. 모두의 이익이 나의 이익과 다르지 않을 때 모두들 있는 힘을 다할 겁니다.

리더는
구성원 각각의 이익부터
챙겨야 한다

　리더가 되면 무엇보다 먼저, 마음대로 되는 일이 아무것도 없다는 걸 깨닫게 됩니다. 안 되는 일을 되도록 만드는 게 리더의 능력이죠. 무작정 밀어붙여서가 아니라 설득해서 타협하고, 때론 양보도 해야 합니다. 힘 있는 자가 힘을 쓰지 않아야 진짜 힘이 생깁니다.

힘 있는 자가
힘을 쓰지 않아야
진짜 힘이 생긴다

경영은 잘 꾸리자는 거죠. 많이 벌자는 게 아닙니다. 많이 가지려면 그만큼 더 끌어들여야 하고, 부지런히 굴리고 돌려서 자꾸 털어내야 하죠. 구르는 돌엔 이끼가 끼지 않지만, 고인 물은 썩기 마련입니다. 들어오고 나가고를 잘 챙기는 게 경영이죠. 길을 닦는 겁니다.

경영은 끊임없이 길을 닦는 것

폴란드엔 "흐느끼는 사람을 따르라"는 말이 있죠. 쇼팽의 음악이 그렇습니다. 통곡이 아니라 흐느낌이죠. 설명과 설득이 아닙니다. 가슴으로 곧장 스며들어 마음을 흔들죠. 힘이 빠져 넋 놓고 함께 흐느끼게 됩니다. 소통하려면 먼저 공감할 줄 알아야죠. 그게 리더십입니다.

공감하지 않고
소통할 수 없다

#75

　　높은 자리에 올라 많이 가진 사람들은 그로 말미암아
누리는 다른 사람들의 호감과 호의가 마치 그 자신의 인간적,
혹은 성적 매력에서 비롯된 것인 양 착각하기 쉽죠. 높이 올라
가 많이 가지고 나면 그 안에 스스로가 매몰되어, 있는 그대로
의 나를 잃어버립니다.

가진 것에 갇히면
있는 그대로의 나를
볼 수 없다

137

#76

우리는 탐욕이라며 그들을 나무라지만 그들은 살기 위한 몸부림일 뿐이라고 합니다. 우리는 기만이라며 비난하지만 저들은 모두 어쩔 수 없는 선택이었다고 말하죠. 아닌 걸 알면서 그러는 게 아니라 정말 그렇게 믿고 있습니다. 비극입니다. 진정한 코미디입니다.

탐욕이 앞서면
기만이 눈을 가린다

2인자의 역할을 생각합니다. 마오쩌둥을 옹립한 저우 언라이가 없었다면 지금의 중국이 있을까 싶고, 이성계에게 정도전이 없었다면 조선도 없었겠지요. 1인자에게 2인자는 둘이어야 합니다. 서로 견제시켜 분발하는 가운데 리더의 자릴 지키며 발전을 도모할 수 있죠.

훌륭한 참모가
리더를 바로 세운다

하얀 거짓말은 없습니다. 온통 까만 거짓말도 없죠. 모두가 회색빛입니다. 얼마나 짙고 옅은가의 차이죠. 모르고 하는 거짓말도 없습니다. 정말 몰랐다면 거짓말이 아니죠. 처음엔 알았고 또 힘들었는데, 자꾸 하다 보니 익숙해져서 나중엔 거짓말이 아니라고 여기게 됩니다.

무조건 옳은것도,
무조건 틀린것도 없다

143

이성의 시대가 가고 감성의 시대가 다가옵니다. 뜨거운 감성이 아니라 차가운 감성이죠. 몇 날을 잠 못 이루고 뒤척이는 감동도 없이, 감각에 잠시 머물다 흔적도 없이 사라집니다. 머리에 담아야 할 많은 것들을 가슴으로 받아 흘려버리는 거죠. 만들면 써버리는 시대입니다.

참을 수 없는 존재의 가벼움

미국의 초대 대통령 조지 워싱턴의 전기엔, 어린 시절 아버지가 아끼는 나무를 베었다가, 누구 짓이냐며 불같이 화가 난 아버지에게 사실대로 말했다는 싱거운 일화가 실려 있죠. 닉슨은 거짓말 때문에 사임했고, 클린턴은 잘못을 인정했기에 임기를 마칠 수 있었습니다.

그 어떤 경우에도
정직이 최선이다

공자께서 몸소 보이시고 뜻있는 선비들이 그 뒤를 따랐으니 때가 아니면 물러나 때가 오길 기다리며 스스로의 몸과 마음을 닦아야 합니다. 나가야 할 때를 놓치면 다음이 있지만 아직 때가 무르익지 않은 것을 취하려 하다간 큰 화를 초래하여 영영 무너집니다.

때를 알고
기다릴 줄 알아야

만나면 헤어지는 겁니다. 왔으면 떠나야죠. 아프고 힘들어도 참고 견뎌야 합니다. 아무도 한자리에 영영 머물 수 없고, 날마다 같을 수가 없죠. 옛날과 다르다고 탓하지 말고, 사라지고 없는 것을 아쉬워 말아야죠. 비워야 또 채울 수 있고, 보내야 다시 만납니다.

비워야 채우고
보내야 만난다

149

　웃으며 다가가 손을 내밀고 토닥여주세요. 어깨를 감싸며 끌어안아 쓰다듬고 어루만져요. 눈길을 마주치고 귀를 기울이며, 속삭이듯 말을 걸어보세요. 쑥스럽지만 누군가는 먼저 해야 할 일입니다. 나 말고 누구라도 하겠지 기다리다가는 끝내 일어나지 않을 기적입니다.

누구에게나
먼저 손을 내밀어라

돈이 많다고 다 부자는 아닙니다. 남보다 덜 가진 부자도 있습니다. 많건 적건 없어도 되는 돈이 있어, 없는 셈 치고 잊어버릴 수 있는 이가 부자입니다. 그렇게 따로 떼어둔 돈을 모았다가 어느 날 문득 이거다 싶은 일에 선뜻 내어놓을 수 있어야 참 부자입니다.

적게라도
내놓을 수 있어야
진정한 부자이다

"올곧은 사람을 들어 굽은 사람 위에 두면 능히 그 굽은 사람도 올곧게 만들 수 있다." 논어의 위정편에 나오는 말입니다. 옛 어른들이 이르길 군자와 소인 사이에 향원이 있는데 악인이면서 선한 척 하는 사람이라죠. 향원들에 가려 올곧은 이가 보이지 않습니다.

위선이 선을 가릴 때를 조심하라

154

얼마든지 가질 수 있는데도 끝내 가지지 않는 이가 멋있습니다. 누구보다 잘났는데도 스스로를 드러내지 않는 이가 진짜 멋쟁이죠. 하고 싶은 말이 많아도 남의 말에 먼저 귀 기울이고 말보다 행동이 앞서야겠죠. 서두르지 않고 느긋하지만 놓치지 않고 찾아서 베풉니다.

뽐내지 않는 사람이
진짜 멋쟁이다

#87

　　정치는 공허한 신념이 아니라 치열한 현실이죠. 구호로 외치는 신념이 아니라, 신념을 살리려는 몸부림입니다. 현실이 신념일 수 있어도, 현실을 핑계로 신념을 버릴 수는 없죠. 서로 다른 신념들이 부딪혀 양보하고 타협하는 것이 현실입니다. 신념을 현실로 만드는 거죠.

157

#88

　　방목하는 목축은 양 떼든 소 떼든 500마리가 적당하다는 말을 들었죠. 그보다 많으면 옮겨 다니면서 풀을 먹이기가 힘들답니다. 전부를 먹일 만큼 적당한 풀밭도 많지 않고, 한 번 지나가고 나면 회복하기도 쉽지 않다죠. 욕심을 버려야 모두가 삽니다.

욕심을 버려야
너도 살고 나도 산다

　어떤 어려움이 닥쳐도 걱정은 아무런 도움이 안 됩니다. 차라리 나 몰라라 던져두는 게 낫죠. 아무리 힘들어도 잘될 거라 믿고 하나씩 풀어가야 합니다. 해도 해도 안 되는 일이라면, 손을 놓고 마음도 돌려야겠죠. 빨리 잊어야 합니다. 지난 일은 되돌릴 수 없습니다.

지난 일은 되돌릴 수 없다

#90

삶이란 사는 게 아니라 살아지는 겁니다. 누구도 세월을 거스를 수 없으니 따라 흘러갈 따름입니다. 어디서 와서 어디로 가는지 알 수가 없습니다. 가던 길을 멈추고 벗어나려 해도 달리 찾을 길이 없습니다. 그걸 아는 게 깨달음이니 그리 살아지다 사라지는 겁니다.

살아내다 사라지는 우리네 삶

　　노벨 경제학상을 받은 폴 새뮤얼슨은 소비를 욕망으로 나눈 것이 인간의 행복지수라고 했습니다. 얼핏 소비가 많을수록 행복지수가 높아진다는 말 같지만 사실은 욕망을 줄여야 행복해질 수 있다는 뜻을 담고 있는 공식입니다. 버리고 줄이는 지혜가 참된 자유를 줍니다.

버리고 줄일수록 행복을 얻고 자유를 얻는다

164

　　헤어져서 아프다는 말을 들으며 조금은 자랑도 섞였나 싶어 부럽기도 합니다. 사람이 평등한 건 오직 시간 앞에서입니다. 좋은 일이든 나쁜 일이든 지나면 절대 되돌릴 수 없지요. 사랑의 기쁨과 슬픔도 그 나이가 아니면 맛볼 수 없을 겁니다. 옛사랑의 그림자만 희미합니다.

모든 이에게 평등한 것은 오직 시간뿐이다

우파는 부패로 망하고 좌파는 분열로 망한다고 하죠. 지키려면 놓아야 하고 바꾸려면 뭉쳐야 합니다. 놓으려면 생각을 바꾸어 마음을 비워야 하고 뭉치려면 믿음을 지켜서 서로를 껴안아야죠. 그러니 결국 보수와 진보가 다르지 않습니다. 바꿔야 지키고 지켜야 바꿉니다.

바꿔야 지키고,
지켜야 바꾼다

아흔아홉 번을 용서해야지 이를 악물다가도 백 번째 또다시 망설입니다. 이젠 정말 잊어야지 맘을 굳게 먹어도 온 밤을 뒤척이며 잠 못 듭니다. 때려서 아픈 게 아니라 속여서 힘듭니다. 알고도 모르는 척 속아주면서 날마다 속속들이 곪아갑니다. 한숨만 깊어갑니다.

거짓이 주는 상처는
아물지 않는다

169

"그대 바라는 것이 도리에 맞아 귀하다면, 또는 틀리지 않다면 어이해 부끄러워하나요. 분명한 말투로 어서 말해요." 기원전 600년경 그리스의 여류 시인 사포가 남긴 시입니다. 옳고 그름을 가려 이치에 어긋나지 않는다면, 주저하지 말아야죠. 바르지 않아 망설이는 겁니다.

바르지 않아
망설이는 것이다

우리는 끊임없이 내 편을 찾습니다. 나이가 들수록 점점 더 심해져서 죽을 때까지 찾습니다. 내 편이 아니다 싶으면 내 편으로 끌어들일 마음을 먹지 않고, 더 멀리 밀어내거나 영영 쫓아낼 궁리를 하죠. 그게 훨씬 쉽고 안전하다고 생각하기 때문입니다. 비극입니다.

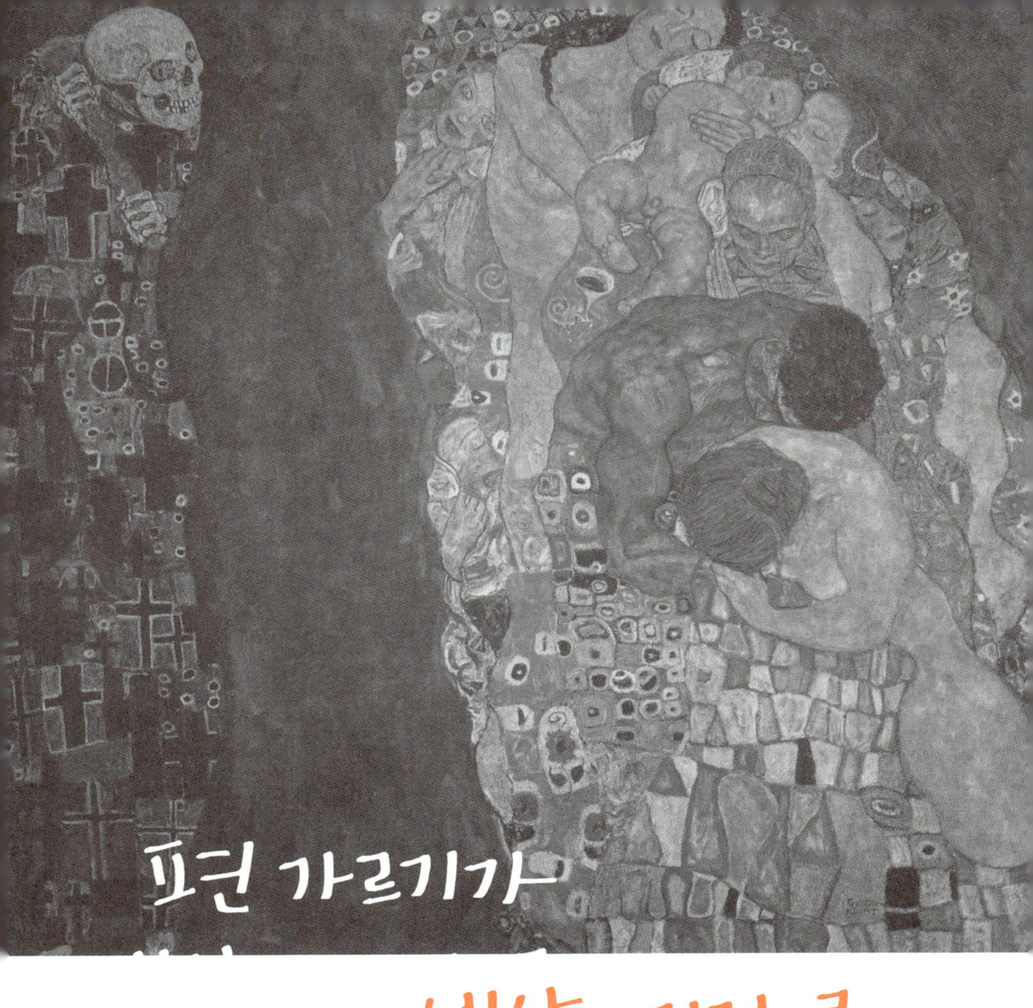

세상의 가장 큰
비극이다

천국은 착한 뜻이 반드시 착한 일로 나타나는 곳입니다. 인간 세상에선 그렇지가 않죠. 그렇다고 한들 비뚤어져 그런 줄 모릅니다. 모두들 속는 셈 치고 선은 선으로, 악은 악으로 돌아온다는 걸 굳게 믿을 수만 있다면, 우리 사는 이곳이 바로 천국입니다.

정의를 믿어
누구나 실천한다면
그 곳이 바로 천국이다

175

오늘도
소중한
하루

　　자유만큼 달콤한 것이 없기에 누구나 가지려고 팔을 뻗지만, 손으로 잡는 순간 밧줄에 매달려 홀로 허공에 매달리게 됩니다. 마치 번지점프처럼 말이죠. 자유라는 줄 하나에 모든 걸 맡기고 나를 던져야 합니다. 내 모든 것을 버려야 비로소 참 자유를 얻게 됩니다.

모든 걸 버리고
나를 던져야
참 자유를 얻는다

자유는 홀로 누릴 수 있지만 평등은 아닙니다. 뜬구름 같은 자유는 손을 뻗어 닿을 수 있는데, 태어나면서 모두가 평등하다는 세상은 어디에도 없죠. 자유를 쫓다가 시간을 깨닫고, 시간 앞에서 평등한 우리를 찾습니다. 아무도 시간을 거스르지 못하기에 평등합니다.

아무도
되돌릴 수 없는
시간을 살기에
우리는 모두 평등하다

　늘 좋은 일만 있으라는 덕담은 로또복권에 당첨되라는 말이나 마찬가지죠. 살면서 겪는 크고 작은 모든 일이 언제나 좋을 수만 없다는 건 누구나 다 압니다. 그러니 힘든 일이 닥쳐도 슬기롭게 이겨내기를 바라고, 어려움을 겪으며 더 단단해지길 빌어줘야겠죠.

힘겨운 시간을
견디는 힘이
진정한 축복이다

　　모르는 일에 부딪히면 지나치게 무서워하거나 너무 쉽게 생각합니다. 알고 나면 그 어떤 것도 결코 가볍게 여기거나 두려움에 떨어야 할 일은 없죠. 모를수록 그저 덤덤해야 합니다. 그래야 뭐가 뭔지를 제대로 가릴 수가 있죠. 사람을 대하는 것도 다르지가 않습니다.

모를수록 담담하게

틈틈이 짬을 내 구석진 곳을 꼼꼼히 살펴보세요. 뭔가 솔깃한 게 있을 겁니다. 없던 게 나타나는 것이 아니라 미처 몰랐던 것을 찾게 되겠죠. 멀리 나간다고 반드시 많은 것을 얻는 건 아닙니다. 오래 끌어 산뜻하지 못한 일들도 많죠. 잠깐씩 가까이를 챙기세요.

소중한 것은
가까이에 있지만
잘 보이지 않는다

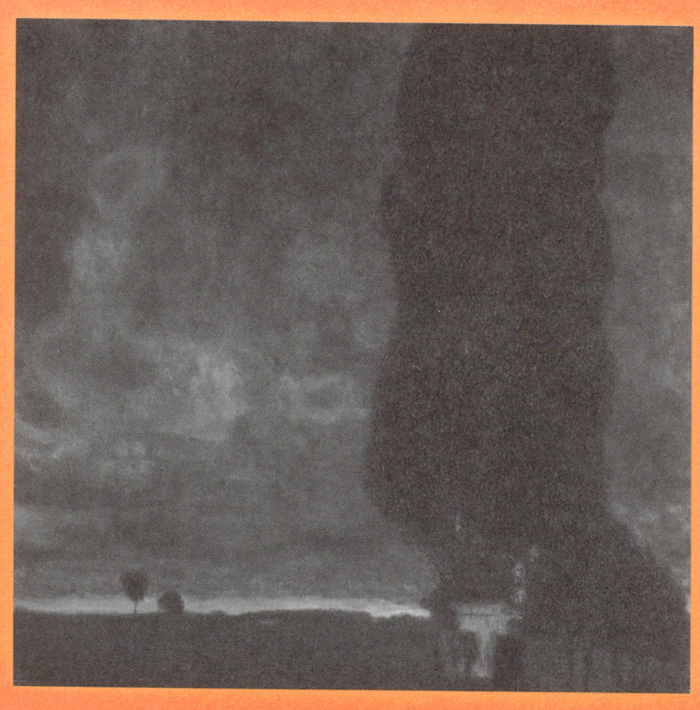

전엔 보내는 것보다 떠나는 쪽이 낫다 여겼습니다. 못내 아쉬워도 돌아보지 않으면 그만이니까요. 그러다 언젠가부터 보내는 편도 괜찮겠다 싶더군요. 그리워서 돌아오면 기다려야지 생각했습니다. 이제는 압니다. 누가 가고 누가 오는 게 아니라, 너나 없이 떠난다는 것을.

너나없이 떠나는 것이
우리네 인생인 것을

"물은 막히면 돌아가고 바람은 막히면 스쳐간다. 막히면 뚫고 가려는 것은 오직 인간뿐이다. 세상의 모든 부조리는 여기서 비롯된다." 허허당 스님의 말씀입니다. 뚫으려는 쪽이나 막으려는 쪽 모두 수단과 방법을 가리지 않습니다. 뚫으려다 망가지고 뚫려서 무너집니다.

비켜서고
돌아가면 될 일을
부딪히고 깨려고만 든다

189

"철학은 우리에게 익숙한 것들을 낯설게 만든다." 마이클 샌델의 말입니다. 쉬운 걸 어렵게 비틀고, 단순한 걸 복잡하게 꼬아놓는 것이 철학이죠. 그 늪에 빠져 허우적거리다 보면 삐딱하고 시시해지거나, 지치고 늘어지기 십상입니다. 물러서고 떨어져야 낯설어집니다.

한 발 물러서야
제대로 보인다

작품을 감상하는 데 아는 게 오히려 방해되는 경우도 많습니다. 가끔은 작가가 의도하지 않은 결과가 나오기도 하고 더러는 그 때문에 걸작이 되기도 합니다. 모르고 보고 들었다면 좋았을 텐데, 알고 나면 쓴웃음을 짓게 되지요. 알고도 모르는 척이 최고의 경지입니다.

어설프게 아느니 모르는게 낫다

191

연주자는 집 짓는 사람이죠. 다 지었다 싶으면 미련 없이 떠나야 합니다. 다른 땅을 찾아 다른 집을 지어야죠. 집 안에 머무는 건 청중의 몫입니다. 저 멀리 어딘가를 찾아가는 나그네입니다. 언젠가 그 자리에 다시 돌아온다면 있던 집을 허물고 새집을 지어야죠.

연주는 연주자의 몫,
감상은 청중의 몫

#108

　　좋은 차는 오래 탈수록 그 진가가 크게 돋보입니다. 새 차일 때는 다른 차들과 다른 점들이 잘 드러나지 않죠. 무릇 귀하고 잘난 것들이 다 그렇습니다. 세월이 지나도 변함없이 언제나 한결같죠. 묵을수록 오히려 더 깊고 짙은 맛과 멋을 풍깁니다. 클래식입니다.

클래식의 참 멋은
묵을수록 깊어지는 장맛과 같다

　　자연의 생태계와 같이 바람직한 공동체가 이루어지려면 구성원 각각이 뚜렷한 정체성과 자율성을 갖추어야 하고, 이를 바탕으로 서로 소통하여 서로에게 유익한 작용을 함으로써 넘치거나 부족하지 않은 균형을 이루어 공존해야 합니다. 예술의 생태계도 이와 같습니다.

예술에도, 삶에도 균형이 필요하다

거짓의 유혹이 가장 달콤합니다. 그래서 누구나 쉽게 빠져듭니다. 거짓의 유혹이 가장 끈질깁니다. 물리치려 해도 놓아주질 않습니다. 그렇게 한 번 빠지면 헤어나질 못합니다. 거짓으로 둘러싸여 눈과 귀가 멀게 됩니다. 문득 깨달아도 돌이킬 수 없습니다. 거짓으로 삽니다.

거짓의 유혹이
그 무엇보다
달콤하고 치명적이다

#111

야구는 정적인 스포츠입니다. 투수의 손에서 공이 떠나기 전엔 아무 일도 벌어지지 않습니다. 그래서 생각할 시간이 많고, 때문에 몸보다 맘이 좌우하는 일이 많습니다. 어설프게 생각하기보단 머리를 비우는 게 나을 수도 있죠. 반복되는 연습으로 몸이 맘을 이겨내야 합니다.

198

몸이 마음을
이기는 순간
행동을 시작하라

누군가가 너무나도 바라는 무엇인가를 이룰 수 있도록 돕는 것은 무척 힘들고 어렵죠. 그러나 어떤 사람을 꼬집고 헐뜯어서 다시는 일어서지 못하도록 짓밟는 일은 아무나 쉽게 할 수 있습니다. 남을 돕는 사람은 말이 없죠. 좋은 말은 쉽고 나쁜 말은 더 쉽습니다.

좋은 말은 쉽고
나쁜 말은 더 쉽다

여든을 넘게 살다가 간 사람은 그 반도 못 채우고 삶을 버린 사람보다 더 많이 살았을까요. 그렇게 오래 살고도 아쉬웠겠죠. 어찌 이리도 짧은가 기가 막혔을 겁니다. 그래서 지금도 숨쉬고 있는 우리는 얼마나 더 살 수 있을까요. 죽지 않고 살아 있어 웃어야 할까요.

날마다 오늘이
마지막인 것처럼

203

남의 비밀 이야기를 듣는 게 세상에서 두 번째 재미있는 일이랍니다. 물론 제일 신나는 일은 남의 비밀을 누군가에게 전하는 거죠. 그럼 세상에서 제일 끔찍한 일은 뭘까요? 남이 내 비밀을 주고받으며 이러쿵저러쿵 즐기는 거지요. 진정 남의 불행이 나의 행복인가요?

남이 내게
해주기를 바라는 일을
남에게 그대로 해주어라

궁핍이 세상을 바꿨죠. 없어서 아쉬운 것들을 찾느라 멀고 험한 길을 나서 낯선 곳에 닿았더니, 전에는 몰랐던 많은 것들을 보고 들으며 깨닫고 알게 된 것입니다. 그렇게 생각이 바뀌고 사람이 달라져 세상이 움직였죠. 살기 위한 몸부림이 모든 걸 변화시켰습니다.

궁핍이
세상을
바꾼다

창조는 역발상입니다. 새로운 것은 낡은 것으로부터 비롯되고 내가 살려면 남을 죽여야 하죠. 남의 마음을 얻으려면 나는 버려야 합니다. 큰일일수록 아주 작은 데서 성패가 갈리고 정말 특별한 것들은 너무나도 평범하죠. 쉬면서 머리를 비워야 아이디어가 떠오릅니다.

보이지 않는
동전의 뒷면을 보는 것이
창조의 시작이다

위기는 기회입니다. 사진기의 발명이 인상파를 낳았지요. 인류가 지금껏 의존하고 있는 상당수의 기술과 발견은 전쟁통에 이루어졌습니다. 유용하지 않은 마약류까지도 말이지요. 아일랜드에 감자기근이 없었다면, 케네디도 없었겠지요. 위기 대처 능력과 의지가 역사를 만듭니다.

위기에서 기회가 찾아온다

어둠은 어둠 속에서 제대로 볼 수 있지만 빛 가운데서 빛은 밝게 보이지 않죠. 오히려 어두운 곳이라야 빛이 더 잘 보입니다. 빛 속에서 어둠은 깜깜하기만 하죠. 없는 것이나 다름이 없습니다. 빛은 어둠을 깨닫지 못하지만 어둠은 빛과 어둠을 모두 품을 수 있죠.

어둠 속이라야 빛이 더 잘 보인다

Touch란 말이 참 좋습니다. 들으면 그냥 찌릿합니다. 뮤지컬 〈캐츠〉의 왕따 고양이 그리자벨라가 부르는 메모리의 마지막 절규도 "Touch me!"이지요. 꼭 만져서 터치가 아니라 따듯한 눈길, 부드러운 미소, 상냥한 인사가 다 터치입니다. 소통과 공감의 시작입니다.

Touch,
소통과 공감의 시작

소수라는 이유만으로 다수를 위해 희생하라는 건 폭력입니다. 다수가 소수보다 중요한 것이 아니라, 강요가 아닌 자유의지가 중요하고, 희생의 결과보다 희생하려는 마음이 더 중요하죠. 다수를 위한 소수의 희생보다, 소수를 위한 다수의 희생이 더욱 고귀할 수 있습니다.

모든것을 줄 세우지 말라

　　세상에 변하지 않는 단 하나의 진리는 세상의 모든 것은 변한다는 사실이죠. 계절도 변하고 생각도 변하고 사람도 변합니다. 지금이 아무리 좋아도 마냥 그대로일 수 없고, 오늘이 비록 힘들고 어려워도 내일이면 또 다른 보람이 있겠죠. 그래서 살 만한 세상입니다.

217

산다는 것은 남들로부터 나를 찾는 데서 시작합니다. 그렇게 스스로를 알고 나면 내게로 다른 사람들을 받아들이게 되고, 끝내는 나 아닌 모든 사람들과 내가 다르지 않다는 걸 깨닫게 되죠. 나를 열어 남을 품고, 나를 버려 남을 얻는 것이 우리가 사는 까닭입니다.

나를 버리면
남을 얻는다

#123

　　사람마다 셈이 다 다릅니다. 주는 사람 셈과, 받는 사람 셈이 같지 않죠. 언제나 나는 더 준 것 같고, 늘 덜 받았다고 생각합니다. 그래서 틈이 벌어지고 사이가 멀어져 다투거나 해치기도 합니다. 그러니 따져서 세지 말고 헤아려서 덮어야죠. 모자란 듯 잊어야 합니다.

베푼 일은 잊어라

#124

냉정과 열정 사이에 인내가 있습니다. 사람이 늘 뜨거거나 늘 차가울 순 없죠. 마냥 들끓었다간 스스로 타버릴 것이고, 따지고 재기만 하다간 아무것도 해내지 못할 겁니다. 삶이란 줄타기와 같아서 어느 한쪽으로 기울어지지 않게 줄 위에서 끝까지 버텨야 합니다.

삶이란 외줄을 타며
균형을 잡는 것과 같다

　　진실이랍시고 아무 말이나 지껄이면 잘난 줄 아는 세상입니다. 산다는 건 말 못할 사연들이 쌓이는 거죠. 살면서 깨달아야 할 지혜는, 해야 할 말과 해선 안 될 말을 가리는 겁니다. 내가 지금 하려는 말이 무슨 말인지를 정말로 안다면, 해야 할 말은 많지 않을 겁니다.

지혜가 쌓일수록
말은 줄어든다

져주는 게 이기는 거라고 하죠. 틀린 말입니다. 지는 게 이기는 거죠. 뭐가 다르냐고요? 져주는 건 지는 척 한다는 겁니다. 정말로 질 생각은 없다는 거죠. 진짜로 지지 않으면 이길 수 없습니다. 거짓으론 마음을 움직일 수 없죠. 마음을 얻어야 이기는 겁니다.

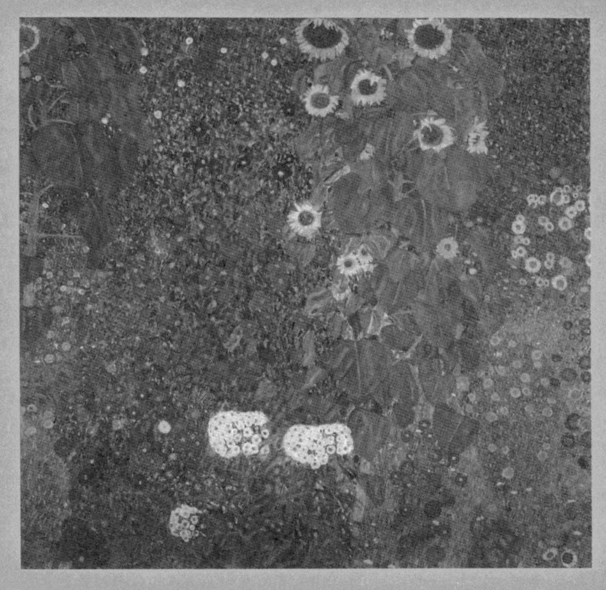

진심을 다해
마음을 얻어야
진정코 이기는 것이다

　　세상에서 가장 하기 쉬운 말이 "이게 다 너 때문이야."라는 거죠. 제일 어려운 이야기는 "모두 내 잘못이야."입니다. 혹시 좋은 일이 있어도 내가 더 잘한 것 같지, 누구 덕분이란 생각은 쉽지가 않죠. 고맙단 인사에 마음이 열리고 미안하단 말에 사람을 얻습니다.

미안한 마음과
고마운 마음으로
사람을 얻는다

　다른 사람을 인정하고 존중한다는 게 그 사람을 따라가는 것은 아닙니다. 오히려 나와 다른 누군가가 있기에 내가 하지 못하는 무언가를 맡길 수 있어, 나는 내가 할 수 있는 일만 하면 되는 것이죠. 서로가 달라서, 손을 내밀어 서로를 돕는 겁니다.

다름을 받아들여
부족함을 채운다

228

야구는 타이밍의 경기죠. 공을 던지는 투수는 타자의 타이밍을 뺏으려고 안간힘을 쓰고, 공을 때리는 타자는 타이밍을 맞추려고 있는 힘을 다합니다. 타자가 때린 공을 잡아야 하는 야수들 또한 날아오고 굴러오는 공의 타이밍을 제대로 잡아야 하죠. 야구는 인생입니다.

인생은 타이밍

허락을 구하기보다 용서를 구하는 것이 낫다는군요. 문제를 미리 막으려 애쓰지 말고 문제가 일어나면 그때 고치랍니다. 픽사의 사장 에드 캣멀이 직원들에게 하는 말이라죠. 이런저런 이유로 주저하고 망설이다 보면 아무것도 되는 일이 없겠죠. 저질러야 배웁니다.

저질러야 배운다

글 쓰는 즐거움은 이렇습니다. 짜릿하거나 달아오르진 않지만, 아늑하고 푸근합니다. 때로는 외롭고 서글프지만, 그럭저럭 견딜 만하죠. 푹 빠지면 어둡고 무거워도, 살짝 담그면 밝고 가볍습니다. 이만큼 흐뭇한 일이 드물고, 이렇게 뿌듯한 일도 없죠. 스스로를 찾는 일입니다.

글을 써서
스스로를 찾는다

　　책을 읽으면서 사고의 틀을 얻기도 하고 행동의 지침을 마련하기도 합니다. 가슴 뭉클한 감동을 바라기도 하지요. 트위터로도 가능한 일이라는 생각이 듭니다. 일상의 느낌과 생각의 단편들을 하나둘씩 챙기면서 가랑비에 옷 젖듯 축축하고 무거워지는 느낌입니다.

한 줄 지혜

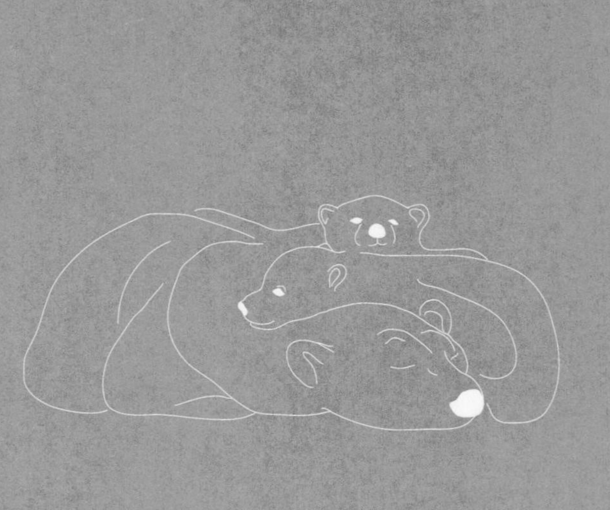